FICHE DE LECTURE

Document rédigé par Lauriane Sable
maitre en langues et littératures françaises et romanes
(Université catholique de Louvain)

Balzac et la Petite Tailleuse chinoise

Dai Sijie

lePetitLittéraire.fr

Dai Sijie

Romancier et cinéaste chinois d'expression française

- **Né en 1954 dans le Fujian (Chine)**
- **Quelques-unes de ses œuvres :**
  Balzac et la Petite Tailleuse chinoise (2000), roman
  Le Complexe de Di (2003), roman
  Les Filles du botaniste (2006), film

Né en Chine en 1954, Dai Sijie est un écrivain et cinéaste qui vit en France depuis 1984. À 22 ans, à la fin de la Révolution culturelle, il entre à l'université de Pékin où il étudie l'histoire de l'art. Boursier, il choisit de poursuivre son cursus en France à l'Institut des hautes études cinématographiques de Paris. Avec *Chine, ma douleur* (1989), son premier long-métrage, il remporte le prix Jean Vigo. *Les Filles du botaniste* (2006) est également salué par la critique cinématographique.

Balzac et la Petite Tailleuse chinoise (2000) est son premier roman. En 2003, il a reçu le prix Femina pour son récit *Le Complexe de Di* et il a poursuivi son œuvre romanesque avec *Par une nuit où la lune ne s'est pas levée* (2007) et *L'Acrobatie aérienne de Confucius* (2009).

Balzac et la Petite Tailleuse chinoise
Un livre situé au cœur de la Révolution culturelle chinoise

- **Genre :** roman
- **Édition de référence :** *Balzac et la Petite Tailleuse chinoise*, Paris, Gallimard, coll. « Folio », 2000, 228 p.
- **1re édition :** 2000
- **Thématiques :** révolution culturelle chinoise, rééducation, lecture, amour, communisme

Balzac et la Petite Tailleuse chinoise (2000) est le chef-d'œuvre de Dai Sijie. Pour ce roman, l'écrivain a reçu pas moins de trois prix (Edmée de La Rochefoucauld, Relay du roman d'évasion et Roland de Jouvenel).

Pendant la Révolution culturelle (1966-1976), les parents de Sijie sont emprisonnés et l'adolescent est envoyé en montagne dans un camp de rééducation. Cette expérience lui inspire l'histoire de ses deux protagonistes, de jeunes intellectuels expédiés dans un petit village de la montagne du Phénix du Ciel pour être rééduqués par les paysans. Là-bas, les garçons découvrent les livres occidentaux et rencontrent la Petite Tailleuse.

Cinéaste, Sijie a porté son roman à l'écran. Le film du même nom a été présenté au festival de Cannes en 2002 dans la sélection « Un certain regard ».

RÉSUMÉ

Le récit commence un soir de 1971 dans un petit village de la montagne du Phénix du Ciel. Le narrateur et son ami Luo y ont été envoyés comme tant d'autres jeunes intellectuels afin d'y être rééduqués par les paysans pauvres, selon la règle instaurée par le régime communiste. Parce qu'ils sont en outre les fils de « puantes autorités savantes », ils ont peu de chances de voir un jour se terminer cette rééducation, qui pour les autres ne dure pas plus de deux ans.

Plusieurs mois après leur arrivée, ils font la connaissance de la fille du tailleur de la montagne, qu'ils surnomment « la Petite Tailleuse ». Ils ont presque le même âge et sympathisent d'emblée ; le narrateur soupçonne même son ami d'en être tombé amoureux, mais celui-ci lui rétorque qu'elle n'est pas assez civilisée pour lui.

Peu après cette rencontre, la jeune fille écrit à Luo pour inviter les deux jeunes gens à donner dans son village une séance de « cinéma oral », leur spécialité. À leur arrivée, Luo est en pleine crise de paludisme et la jeune fille le veille toute une nuit durant laquelle le narrateur pense, dans l'obscurité, la voir l'embrasser.

Sur le chemin du retour, les deux protagonistes font halte dans le village du Binoclard, lui aussi en rééducation. Alors qu'il cherche un pull dans la chambre de ce dernier, le narrateur découvre sous le lit une valise fermée à clé. Le narrateur et Luo interrogent le Binoclard sur son contenu, persuadés, à juste titre, qu'il doit s'agir de livres interdits par le régime (en Chine, tous les livres occidentaux sont interdits parce que jugés dangereux), ce que le Binoclard dément.

Au printemps, le Binoclard est contraint d'accepter l'aide des deux amis pour effectuer une tâche que sa myopie ne lui permet pas d'accomplir, et ce en échange de l'un des ouvrages contenus dans sa valise : *Ursule Mirouët* (1841) de Balzac (écrivain français, 1799-1850). Le narrateur et Luo, qui n'ont jamais eu l'occasion de lire des œuvres occidentales, dévorent le roman avec fascination et enthousiasme. Aussitôt sa lecture terminée, Luo se rend chez la Petite Tailleuse. À son retour, il raconte au narrateur comment ils ont pour la première fois fait l'amour.

Les deux amis tentent d'obtenir du Binoclard d'autres livres, en vain.

À l'été, une opportunité se présente : le Binoclard doit recueillir d'authentiques chants montagnards destinés à être publiés dans une revue officielle où sa mère lui a décroché un poste, afin de l'arracher à sa rééducation. Le narrateur et Luo lui proposent de s'acquitter de cette mission qu'il ne parvient pas à mener à bien, en échange de nouveaux livres. Mais les chants qu'ils lui rapportent sont de nature paillarde et, si le Binoclard décide tout de même de les faire publier après les avoir remaniés, il refuse de leur donner les livres promis en échange ; ils se quittent après que le narrateur, furieux, lui a asséné un violent coup de poing. Luo regrette d'autant plus amèrement cet échec qu'il avait noté l'effet de fascination produit sur la Petite Tailleuse par la lecture de passages choisis de Balzac.

Peu de temps après, la mère du Binoclard vient en personne rechercher son fils et organise à cette occasion une grande fête. Répondant à la suggestion de la Petite Tailleuse, le narrateur et Luo en profitent pour dérober la valise de livres.

Pendant près d'un mois, profitant de l'absence du chef de leur village, les deux amis dévorent le contenu de la valise : Hugo (1802-1885), Stendhal (1783-1842), Dumas (1802-1870), Flaubert (1821-1880), etc. *Jean-Christophe* (1904-1912) de Romain Rolland (1866-1944) suscite l'enthousiasme du narrateur, tandis que Luo demeure un lecteur assidu de Balzac, dont il va tous les jours lire des extraits à la Petite Tailleuse.

Quelques temps plus tard, le père de la jeune fille, tailleur itinérant, vient séjourner dans leur village. À sa demande, le narrateur entreprend de lui raconter en neuf nuits l'histoire du *Comte de Monte-Cristo* (1845) d'Alexandre Dumas, qu'il a lue récemment. Mais, la troisième nuit, ils sont interrompus par le chef du village : celui-ci les accuse de raconter des histoires réactionnaires et menace de les dénoncer, sauf si Luo, fils d'un grand dentiste, réussit à lui soigner une dent atrocement douloureuse. Le jeune homme y parvient grâce à l'aide du narrateur et du tailleur, dont la machine à coudre est pour l'occasion reconvertie en outillage médical. Cette scène donne l'occasion au narrateur, qui officie au pédalier de la machine afin de faire tourner plus ou moins vite l'aiguille utilisée pour le soin, de laisser s'exprimer sa haine à l'égard du chef et de faire preuve de sadisme.

Peu après, Luo est appelé au chevet de sa mère malade. Il confie la garde de la Petite Tailleuse au narrateur, mais cela suscite la jalousie des rivaux de Luo, qui finissent par le malmener. Par ailleurs, le narrateur lui-même doit reconnaitre qu'il éprouve pour la jeune fille des sentiments qui rendent hypocrite son rôle de protecteur. Alors qu'il s'apprête à lui avouer qu'il ne souhaite plus se rendre chez elle, elle lui annonce qu'elle est enceinte. Or le régime chinois, qui interdit à une femme d'avoir un enfant sans être mariée, interdit également l'avortement. Le narrateur se rend donc à l'hôpital de Yong Jing pour explorer les possibilités d'un avortement illégal. Il parvient finalement à entrer en contact avec le gynécologue, qui accepte de pratiquer l'intervention en échange d'un livre de Balzac.

L'opération se passe bien, mais trois mois après le retour de Luo, la Petite Tailleuse quitte la montagne sans prévenir les deux amis. C'est son père, désespéré, qui vient leur annoncer la nouvelle. Ils parviennent à la rattraper, mais Luo ne réussit pas à la faire changer d'avis. Subrepticement, la lecture des romans balzaciens a fini par changer la jeune montagnarde soucieuse de faire plaisir à Luo en femme désireuse de plaire, et de devenir une fille de la ville. Très décidée, la Petite Tailleuse reprend donc sa route après avoir déclaré que « Balzac lui a fait comprendre une chose : la beauté d'une femme est un trésor qui n'a pas de prix ». Si le roman s'achève sur ces mots, l'image finale de l'histoire est, selon le narrateur, celle qu'il évoque au début de la dernière section : Luo brulant tous les livres de la valise, tandis que le narrateur accompagne cet autodafé du son de son violon.

ÉTUDE DES PERSONNAGES

LE NARRATEUR

Anonyme, il est l'un des principaux personnages, quoiqu'il demeure un peu en retrait par rapport à son ami Luo, plaçant au centre de son récit l'histoire d'amour entre ce dernier et la Petite Tailleuse. Il se définit d'ailleurs à la fin du roman comme un « spectateur » (p. 226 et p. 228).

Fils de médecin comme Luo, âgé de 17 ans au moment où commence sa rééducation, le narrateur est plus grand et plus costaud que son ami. Il est aussi plus timide et posé, bien qu'il se laisse à de rares occasions aller à des pulsions violentes (pensons par exemple au coup de poing qu'il assène au Binoclard ou au sadisme dont il fait preuve lors du soin de la dent du chef).

D'une grande loyauté en amitié, il veille à ne pas trahir les sentiments qu'il éprouve envers la Petite Tailleuse, que Luo aime, et se montre très affecté lorsque la jeune fille, qu'il considère comme son amie, part sans l'avertir, après qu'il l'a fidèlement aidée et soutenue lors de sa grossesse non désirée.

Musicien, passionné par *Jean-Christophe* de Romain Rolland (dont le protagoniste principal est justement musicien), il espère que son talent de violoniste lui permettra un jour d'échapper à la rééducation.

LUO

C'est le meilleur ami du narrateur. Sur le plan psychologique, il est d'un naturel curieux et nonchalant, et possède le sens de l'improvisation et de l'à-propos, comme en témoigne sa réaction lors de la suspicion des villageois envers le violon ou lors de la visite au meunier. « Pas dépourvu d'intelligence stratégique », il est, à l'image de sa signature, « débridé, généreux, fougueux ».

Signe de son courage et de son entêtement, Luo brave chaque jour le terrible vertige dont il souffre pour aller lire à la Petite Tailleuse des extraits de Balzac. L'orgueil semble être à l'origine de cette démarche (« Elle n'est pas civilisée, du moins pas assez pour moi ! », p. 39) et, pourtant, rétrospectivement, il apparait que c'est l'amour qu'il porte à la jeune fille qui constitue le véritable moteur de ses actes : non seulement il est tombé amoureux d'elle alors qu'elle était une simple montagnarde, mais, surtout, il choisit à la fin du récit de bruler tous les livres de la valise, source de cette culture si précieuse à ses yeux mais qui lui a fait perdre celle qu'il aime. Ce « grand admirateur de Balzac » est donc avant tout un « amant romantique qui [a] rampé à quatre pattes sur le passage dangereux » (p. 220).

LES DEUX AMIS

Ils incarnent la jeunesse injustement victime des mesures décrétées par le régime maoïste dans le cadre de la Révolution culturelle puisqu'ils sont condamnés à être rééduqués alors que leur tort principal est d'être les fils de « puantes autorités savantes » (p. 16) tombées en disgrâce. Ils ont peu de chances de voir un jour se terminer leur période de rééducation.

Ils symbolisent aussi la résistance passive à cette tentative de brider les intellectuels : ils ne se rebellent pas ouvertement contre le régime, mais se défendent indirectement en luttant pour accéder aux livres occidentaux avec les risques que cela implique et en propageant leur contenu auprès de ceux qui le souhaitent (la Petite Tailleuse et son père).

LA PETITE TAILLEUSE

La Petite Tailleuse, dont le narrateur ne révèle pas le nom, est le seul personnage faisant l'objet de descriptions physiques détaillées : outre ses vêtements, qui tranchent avec les habits des villageois (ruban flambant neuf, chaussures, etc.), elle se distingue par sa beauté : elle a une longue natte, les yeux « les plus beaux du district de Yong Jing » (p. 33), un visage au contour « net, presque noble » (p. 37), etc. Mais sa beauté remarquable n'en est pas moins celle d'une paysanne : « Quand elle riait, ses yeux révélaient une nature primitive, comme ceux des sauvageonnes de notre village. Son regard avait l'éclat des pierres précieuses mais brutes, du métal non poli. » (p. 36) Ces éléments descriptifs sont importants car c'est précisément une transformation physique et vestimentaire qui traduira, au terme du récit, le changement intérieur qui s'est opéré chez la jeune fille.

Espiègle et rieuse, elle semble aimer sincèrement Luo, à qui elle « adore faire plaisir » (p. 179), en fille de la montagne, jusqu'à ce que la lecture des romans balzaciens éveille son aspiration à devenir une fille de la ville.

LE CHEF DU VILLAGE

C'est le seul villageois qui n'est pas fondu dans la masse indifférenciée des paysans. Ce personnage, sorte de figure emblématique du paysan communiste, exprime tant par ses actes que par son apparence la misère intellectuelle et physique de la paysannerie chinoise : il est sale (il a notamment de « gros poils, longs et sales », p. 10), repoussant (il y a des gouttes de sang dans son œil gauche), et c'est aussi un ancien syphilitique (avec tout ce que cela implique dans l'imaginaire collectif).

Homme autoritaire, soucieux de ne pas perdre la face et de ne pas trahir son ignorance (« c'est un jouet », dit-il à propos du violon, p. 10), il est néanmoins très naïf et facile à berner, comme en témoigne par exemple la ruse de la sonate de Mozart (compositeur allemand, 1756-1791) qui le fait penser au président Mao (1893-1976). Sa crédulité prouve sa bêtise et son inculture, mais aussi ses convictions idéologiques, qui prennent la forme d'un véritable conditionnement (au simple nom de Mao, « comme s'il avait entendu quelque chose de miraculeux, le visage menaçant du chef s'adoucit », p. 12).

Le personnage du chef est l'occasion de brosser un portrait peu flatteur de la paysannerie communiste chinoise, abrutie par le régime : l'absence de toute ouverture à la civilisation et à la culture bourgeoise, idéal du parti communiste chinois, débouche sur la bêtise et l'ignorance, rendant les êtres crédules et manipulables.

CLÉS DE LECTURE

LE CADRE HISTORIQUE : LA RÉVOLUTION CULTURELLE

Le contexte historique et politique tient une place fondamentale dans le roman de Dai Sijie, centré sur la condition des intellectuels dans la Chine maoïste des années 1970, suite à la Révolution culturelle. Revenons sur l'origine de ce mouvement.

Dans les années 1950, Mao lance une politique ambitieuse de développement industriel et agricole, appelée « le Grand Bond en avant ». Menée avec une rigueur idéologique absolue et déconnectée de la réalité, cette politique est un échec. Ses effets sont même catastrophiques : une importante famine coute la vie à des millions de personnes.

Mao est alors écarté de la présidence et remplacé par des cadres communistes. Pour reprendre la main, il se lance dans une réforme culturelle cette fois : « Considérant que le régime évoluait vers le révisionnisme, [...] Mao Tsé-toung, n'hésit[e] pas à déclencher une véritable insurrection de la jeunesse sous la forme du mouvement des gardes rouges, qui [prend] son départ officiel le 18 aout 1966. » (Mourre M., *Le Petit Mourre. Dictionnaire de l'histoire*, Paris, Larousse/HER, 2001, p. 208)

C'est le début de la Révolution culturelle, qui durera jusqu'à la mort de Mao, en 1976. Les gardes rouges répandent dans les campagnes, où ils arrivent par trains entiers, le culte idolâtrique de Mao et de son Petit Livre rouge (recueil de citations de Mao lui-même). Ils s'attachent à éliminer tous les cadres révisionnistes du parti communiste et les intellectuels, classe exploiteuse imprégnée de l'idéologie bourgeoise capitaliste, dont il faut éliminer non seulement les représentants, mais aussi la culture. À ce sujet, il faut noter que si les Occidentaux retiennent souvent de la Révolution culturelle la prohibition de nombreuses valeurs et de la culture occidentale, les valeurs traditionnelles chinoises, considérées comme celles des classes exploiteuses, étaient aussi visées : les gardes rouges détruisirent ainsi de nombreux temples et statues bouddhistes. Derrière cette lutte idéologique se joue en fait une lutte de pouvoir qui permet à Mao d'éliminer les cadres du parti communiste qui ne lui sont pas favorables et de redevenir président de la République populaire de Chine.

UN RÉCIT AUTOBIOGRAPHIQUE ?

Le statut du roman peut poser problème. En effet, certains éléments importants peuvent laisser penser qu'on a affaire à une autobiographie :

- les parents de Dai Sijie étaient, comme ceux du narrateur, médecins ;
- l'auteur a lui aussi été envoyé, de 1971 à 1974, en rééducation dans un petit village montagnard du Sichuan, la province où se déroule le récit ;

- la narration est à la première personne du singulier;
- le texte n'est pas explicitement sous-titré roman.

Mais le récit autobiographique implique qu'il y ait correspondance entre l'auteur, le narrateur et le personnage principal. Or on remarque que:

- le statut de personnage principal revient plutôt à Luo;
- le narrateur et l'auteur ne portent pas le même nom. Même si le nom du narrateur n'est jamais cité, les objets qui représentent les trois caractères chinois le composant sont cités: un cheval, une épée et une petite clochette, ce qui en chinois donne le nom Ma Jian Ling.

Le récit ne peut donc être considéré comme une autobiographie au sens strict, puisqu'il n'y a pas d'identité entre l'auteur et le narrateur. Il n'en demeure pas moins évident que l'auteur s'est inspiré de son vécu personnel, tout particulièrement de sa propre expérience de la rééducation, pour composer cette fiction romanesque, ce qui lui confère jusqu'à un certain point la dimension d'un témoignage.

UN TÉMOIGNAGE AUTHENTIQUE ET SOBRE

La spécificité de ce témoignage tient essentiellement à deux éléments. Elle réside tout d'abord dans son authenticité. La peinture de la rééducation et des travers du régime ne se concentre pas sur un élément précis, mais est esquissée par petites touches au fil du parcours des personnages et jusque dans les moindres détails de la vie quotidienne:

le lecteur découvre tour à tour l'humiliation des parents de Luo, l'insalubrité des maisons villageoises, les conditions de travail extrêmement pénibles (les hottes à transporter) et dangereuses (la mine), la prohibition des livres occidentaux, les pistons (l'emploi du Binoclard), etc.

Le roman se distingue également par son ton neutre et factuel. Contrairement à de nombreux témoignages, on est frappé par la sobriété du ton employé par le narrateur. Cela peut surprendre, de même que l'apparente passivité des personnages face à leur destin, auquel ils semblent résignés. Ces éléments jouent en fait un rôle capital dans la réception du roman :

- ils contribuent à son objectivité et laissent au lecteur une liberté d'interprétation. En se limitant à la description des faits, le narrateur donne à son témoignage un caractère neutre et objectif. Le lecteur reste donc libre de se forger une opinion sur la base des faits décrits ;
- ils incarnent les effets du régime. Si le narrateur manifeste une distance certaine vis-à-vis du régime en place, l'absence, dans le témoignage, de jugements sévères ou indignés sur ce qu'on lui fait vivre peut être considérée comme un des effets de la dictature en place. Né sous ce régime, ce qu'il vit lui parait jusqu'à un certain point normal et donc inévitable, puisqu'il ne connait rien d'autre (« Nous n'étions ni les premiers, ni les derniers cobayes utilisés dans cette grande expérience humaine. [...] Nous n'étions pas les plus malheureux non plus. Des millions de jeunes nous avaient précédés, et des millions allaient nous succéder », p. 14) ;

- le ton empreint d'une sorte de réalisme fataliste, parvient paradoxalement à renforcer l'indignation du lecteur. Car les effets du régime dictatorial chinois ne sont pas seulement décrits par des faits dans le récit, ils se ressentent dans le ton même du narrateur. L'emprise de la dictature est telle que la rébellion et l'indignation cessent d'être des réflexes naturels, non seulement parce qu'ils sont constamment bridés, mais aussi parce qu'ils peuvent s'avérer dangereux, comme le signale le narrateur lui-même après avoir exprimé sa haine : « La dernière phrase que je prononçai m'effraya, comme si un écouteur pouvait être caché quelque part dans la pièce. Une telle phrase, dite par mégarde, pouvait coûter plusieurs années de prison. » (p. 126)

PARADOXES DE LA (RÉ)ÉDUCATION

Sur la toile de fond de la rééducation liée à la Révolution culturelle, le roman de Sijie dépeint en fait non pas une mais plusieurs (ré)éducations, qui se croisent et fonctionnent sur un mode paradoxal :

- les deux protagonistes, considérés comme des intellectuels, sont envoyés à la montagne pour être rééduqués par les paysans pauvres. Cette initiative ne semble guère avoir d'effet sur eux : s'ils partagent le quotidien des paysans, ils restent hermétiques à leur idéologie. Plus encore, c'est à l'occasion de ce séjour dans la montagne qu'ils auront pour la première fois de leur vie accès à des livres occidentaux, alors qu'au collège, ils ne lisaient que les manuels scolaires communistes ou le

Petit Livre rouge de Mao. Ce sont les récits occidentaux qui feront leur véritable éducation, leur faisant découvrir « le mystère du monde extérieur, surtout celui de la femme, de l'amour, du sexe » (p. 135). Il s'agit donc d'une éducation culturelle, mais aussi sentimentale, trouvant sa matérialisation dans l'histoire d'amour de Luo et de la Petite Tailleuse. L'envoi en rééducation des jeunes gens conduit donc paradoxalement à l'effet inverse de celui recherché : leur ouverture à la culture occidentale et aux valeurs bourgeoises, que symbolisent les romans de Balzac ;

- la Petite Tailleuse est elle aussi éduquée par la lecture de Balzac, conformément au souhait de Luo qui ne la trouve pas assez civilisée pour lui. Celui-ci, ayant constaté l'effet de la lecture d'extraits du *Père Goriot* sur la jeune fille (« Ce vieux Balzac [...] est un véritable sorcier qui a posé une main invisible sur la tête de cette fille ; elle était métamorphosée », p. 78), s'est en effet persuadé que la lecture de Balzac la rendrait « plus raffinée, plus cultivée ». Luo instrumentalise donc la littérature, en fait une sorte de moyen d'endoctrinement, ou au moins d'éducation de la Petite Tailleuse.

Ce sont donc les deux jeunes gens envoyés à la montagne pour y être rééduqués qui ont en fait rééduqué la jeune fille ; mais en voulant la rendre digne de son amour, Luo l'a perdue : la rééducation balzacienne entreprise s'est retournée contre lui. Toute tentative de rééduquer un individu et de faire de lui ce qu'il n'est pas serait-elle donc fondamentalement dangereuse ?

PISTES DE RÉFLEXION

QUELQUES QUESTIONS POUR APPROFONDIR SA RÉFLEXION…

- Le roman est basé sur des faits historiques réels. Lesquels ? Connaissez-vous d'autres œuvres qui mettent en scène un cadre historique réel sans pour autant être des romans historiques ?
- Selon vous, qui est le personnage principal du roman, le narrateur ou Luo ? Justifiez.
- Cette œuvre peut-elle être considérée comme une autobiographie ? Argumentez.
- À votre avis, pourquoi l'auteur adopte-t-il un ton neutre et objectif ? Quels effets cela produit-il sur le lecteur ?
- Il est question dans le roman non pas d'une, mais de plusieurs (ré)éducations. Lesquelles ? En quoi sont-elles paradoxales ?
- Balzac est au cœur de l'ouvrage de Dai Sijie. Expliquez l'importance de cette figure.
- Quelle vision de la lecture le roman véhicule-t-il ?
- L'auteur a choisi de placer dans la valise volée par les deux protagonistes les romans de certains auteurs, notamment Hugo, Stendhal, Dumas, Flaubert ou encore Romain Rolland. Ces choix apportent-ils un éclairage différent ou complémentaire sur le vécu des personnages ?

- Quel est, selon vous, le sens de la dernière phrase du roman : que va faire la Petite Tailleuse à la ville ? Est-ce à un beau mariage qu'elle songe ou à la prostitution, à autre chose encore ?

POUR ALLER PLUS LOIN

ÉDITION DE RÉFÉRENCE

- Sijie D., *Balzac et la Petite Tailleuse chinoise*, Paris, Gallimard, coll. « Folio », 2000.

Une traduction du roman en chinois a été réalisée en 2003. Dans la version chinoise, le traducteur émet quelques réserves sur l'intérêt des œuvres françaises dont se sont repus les rééduqués. Certains romans fondateurs de la littérature chinoise seront ainsi ajoutés dans la valise aux auteurs occidentaux. (Source : http://crdp.ac-paris.fr/parcours/index.php/category/dai, consulté en juillet 2010).

ADAPTATION

- *Balzac et la Petite Tailleuse chinoise*, film de Dai Sijie, avec Zhou Xun, Kun Chen et Liu Ye, 2002.

Bien que le livre ait été écrit en français, les acteurs ont joué en chinois. Le narrateur, dont le nom n'est pas précisé dans le livre, s'appelle Ma dans le film (d'après les caractères chinois évoqués dans le livre).

SUR LEPETITLITTÉRAIRE.FR

- Questionnaire de lecture sur *Balzac et la Petite Tailleuse chinoise* de Dai Sijie

Gaudé
- La Mort du roi Tsongor
- Le Soleil des Scorta

Gautier
- La Morte amoureuse
- Le Capitaine Fracasse

Gavalda
- 35 kilos d'espoir

Gide
- Les Faux-Monnayeurs

Giono
- Le Grand Troupeau
- Le Hussard sur le toit

Giraudoux
- La guerre de Troie n'aura pas lieu

Golding
- Sa Majesté des Mouches

Grimbert
- Un secret

Hemingway
- Le Vieil Homme et la Mer

Hessel
- Indignez-vous !

Homère
- L'Odyssée

Hugo
- Le Dernier Jour d'un condamné
- Les Misérables
- Notre-Dame de Paris

Huxley
- Le Meilleur des mondes

Ionesco
- Rhinocéros
- La Cantatrice chauve

Jary
- Ubu roi

Jenni
- L'Art français de la guerre

Joffo
- Un sac de billes

Kafka
- La Métamorphose

Kerouac
- Sur la route

Kessel
- Le Lion

Larsson
- Millenium I. Les hommes qui n'aimaient pas les femmes

Le Clézio
- Mondo

Levi
- Si c'est un homme

Levy
- Et si c'était vrai...

Maalouf
- Léon l'Africain

Malraux
- La Condition humaine

Marivaux
- La Double Inconstance
- Le Jeu de l'amour et du hasard

Martinez
- Du domaine des murmures

Maupassant
- Boule de suif
- Le Horla
- Une vie

Mauriac
- Le Nœud de vipères

Mauriac
- Le Sagouin

Mérimée
- Tamango
- Colomba

Merle
- La mort est mon métier

Molière
- Le Misanthrope
- L'Avare
- Le Bourgeois gentilhomme

Montaigne
- Essais

Morpurgo
- Le Roi Arthur

Musset
- Lorenzaccio

Musso
- Que serais-je sans toi ?

Nothomb
- Stupeur et Tremblements

Orwell
- La Ferme des animaux
- 1984

Pagnol
- La Gloire de mon père

Pancol
- Les Yeux jaunes des crocodiles

Pascal
- Pensées

Pennac
- Au bonheur des ogres

Poe
- La Chute de la maison Usher

Proust
- Du côté de chez Swann

Queneau
- Zazie dans le métro

Quignard
- Tous les matins du monde

Rabelais
- Gargantua

Racine
- Andromaque
- Britannicus
- Phèdre

Rousseau
- Confessions

Rostand
- Cyrano de Bergerac

Rowling
- Harry Potter à l'école des sorciers

Saint-Exupéry
- Le Petit Prince
- Vol de nuit

Sartre
- Huis clos
- La Nausée
- Les Mouches

Schlink
- Le Liseur

Schmitt
- La Part de l'autre
- Oscar et la Dame rose

Sepulveda
- Le Vieux qui lisait des romans d'amour

Shakespeare
- Roméo et Juliette

Simenon
- Le Chien jaune

Steeman
- L'Assassin habite au 21

Steinbeck
- Des souris et des hommes

Stendhal
- Le Rouge et le Noir

Stevenson
- L'Île au trésor

Süskind
- Le Parfum

Tolstoï
- Anna Karénine

Tournier
- Vendredi ou la Vie sauvage

Toussaint
- Fuir

Uhlman
- L'Ami retrouvé

Verne
- Le Tour du monde en 80 jours
- Vingt mille lieues sous les mers
- Voyage au centre de la terre

Vian
- L'Écume des jours

Voltaire
- Candide

Wells
- La Guerre des mondes

Yourcenar
- Mémoires d'Hadrien

Zola
- Au bonheur des dames
- L'Assommoir
- Germinal

Zweig
- Le Joueur d'échecs

Et beaucoup d'autres sur lePetitLittéraire.fr

www.lepetitlitteraire.fr

ISBN version imprimée : 978-2-8062-1260-3
ISBN version numérique : 978-2-8062-1749-3
Dépôt légal : D/2013/12.603/316

12861647R00018

Printed in Great Britain
by Amazon.co.uk, Ltd.,
Marston Gate.